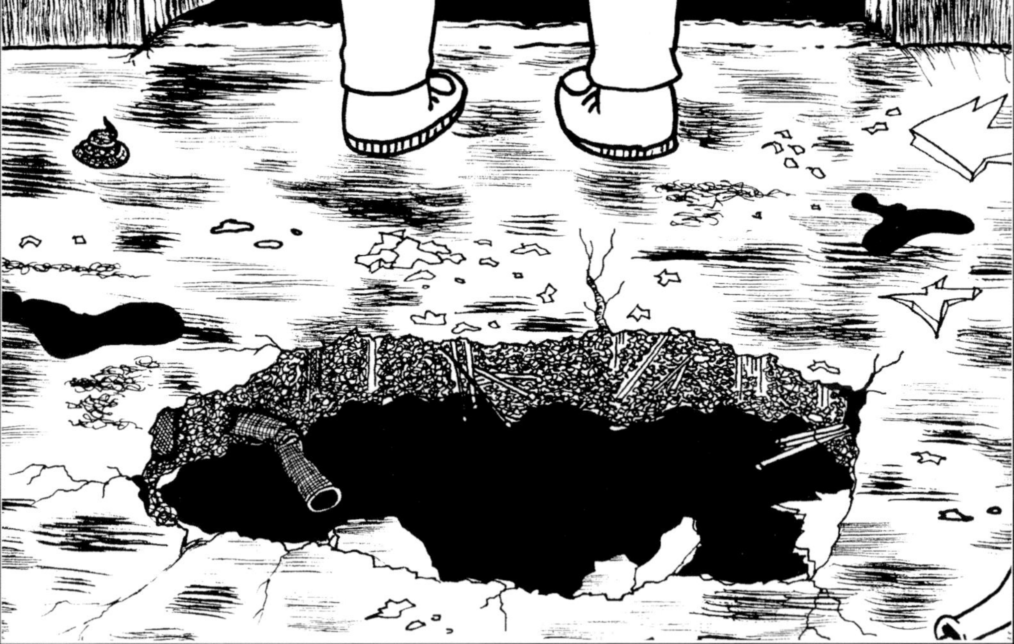

Melanie Gerland

Offene Arme

Graphic Novel

Melanie Gerland
Offene Arme
Graphic Novel
1. Auflage 2010
ISBN-Print: 978-3-86739-059-0

Die Deutsche Nationalbibliothek verzeichnet diese Publikation in der Deutschen Nationalbibliografie; detaillierte bibliografische Daten sind im Internet über http://dnb.d-nb.de abrufbar.

Der Balance buch + medien verlag ist ein Imprint der Psychiatrie-Verlag GmbH, Bonn.

Lektorat: BALANCE buch + medien verlag
Songtexte: Bird of Prey
Umschlagkonzeption: Melanie Gerland,
p.o.l: kommunikation design, Köln
Autorenfoto: Stefanie Simmen
Druck und Bindung: Kessler Druck + Medien, Bobingen

PAPA!? ÄHM, NICOLE WARTET UNTEN UN...
RUHE! ICH WILL NACHRICHTEN GUCKEN!
O.K., ICH LASS DICH SCHON! ICH...ÄHM...WOLLTE NUR...ALSO WANN KOMMT MAMA?
OCH MENSCH, MELLA! ICH KOMM` GRAD VON DER ARBEIT UND WILL MEINE RUHE HABEN! JETZ` KOMMST DU HIER ANGENIGGERT! ABMARSCH JETZE!!

JA JA, ICH GEH`
JA SCHON!
OH- HALLO
MAMA!
HALLO SPATZ!
WILLST DU NOCH
WEGGEHEN?
NICOLE WARTET AUF
MICH. WIR GEH`N NOCH
`N BISSCHEN RAUS.
JA IS` GUT. SEI ABER
IN EINER STUNDE ZUM
ESSEN WIEDER DA!
O.K. BIS NACHHER.

HI! DA BISTE JA!
HEY! WAS WOLL'N WA'N JETZ' MACHEN?
SETZEN WA UNS INNE BUSHALTE UND LABERN.
OH NEIN! DA KOMMEN...
...KONGA UND RAMONA!
SCHEIßE! KOMM- SCHNELL IN DIE ANDERE RICHTUNG. WEG HIER!

SCHEIẞE!
EINFACH UNAUFFÄLLIG WEITERGEHEN!
HEY HEY! WARUM DENN SO EILIG?
BOAH, GERLAND DU SCHLAMPE, DU STINKST!
WIE DE DA RUMSTEHST. ALTER, ES KOTZT MICH AN! ICH KÖNNT DIR'S MAUL POLIEREN!

UND DU PICKEL GESICHT-
GLOTZ NICH` SO BLÖD, SONST GIBTS `N PAAR AUF`E FRESSE, KLAR?!
SO IHR SÜßEN. ICH WEIß, ES WIRD EUCH DAS HERZ BRECHEN, ABER ICH MUSS EUCH JETZ` LEIDER VERLASSEN.
HAST DU DAS GESEH`N? DIE GERLAND HAT SICH FAST INNE HOSE GESCHISSEN!
TOTAL GEIL!
HÖ HÖ HÖHÖ GRUNZ
HA HA HAHA HA HA
...
...
DIE TICKEN DOCH NICH` MEHR RICHTIG!
JA ECHT, EY!

...
...
...
SAG MAL, HAST DU AUCH SCHON MAL DRÜBER NACHGEDACHT...
...ZU VERSCHWINDEN... ICH MEINE...DICH IN LUFT AUFZULÖSEN... DICH ZU VERPISSEN?

OH JA! STELL DIR VOR: MEINE ELTERN WÜRDEN BESTIMMT VOLL RUMHEULEN... JETZ FÄLLT IHNEN NICH' MAL AUF, DASS ICH EXISTIERE! ECHT, EY! DIE INTERESSIEREN SICH DOCH 'NEN SCHEIß FÜR MICH. MEIN ALTER WÄRE DOCH FROH, WENN ER MICH LOS WÄRE.
ICH WÄRE EINFACH WEG - NIEMAND WÜRDE ES MERKEN - NIEMAND WÜRDE MICH VERMISSEN!
ICH WÜRDE DICH VERMISSEN!
ICH BIN SO FROH, DASS DU DA BIST. IRGENDWIE VERSTEHEN WIR UNS IMMER!
STELL DIR VOR, WIR WÜRDEN ES ZUSAMMEN TUN!
WIR SPRINGEN ZUSAMMEN AUS'M HOCHHAUS . . .

„HAND IN HAND -
MIT OFFENEN ARMEN!"

...
...
WAS WAR DENN DAS?
WEIß ICH NICH`. ABER JETZ` IS` ES WEG.
ES IS` SCHON DUNKEL, ICH FINDE, WIR SOLLTEN...
PONG BUM
SSSCCCHHH!! HÖR MAL - DA IS` ES WIEDER!
BUMM TSCHING
WAS...
PONG

KOMM SCHON! WIR SEHEN NACH!
HEEE-WARTE!
GUCK DIR DAS AN!
BUMM WUMMER
WOW!!
BUMM TSCHINNG

EY, NICOLE! WAS WIR ENTDECKT HABEN!! DA MACHT JEMAND MUSIK! BESTIMMT SIND DIE VOLL BERÜHMT!
BOAH, JA WIE GEIL! OH MANN, MELANIE!!
SCHEIßE! ES IS' SCHON DUNKEL! MEINE ELTERN WARTEN!
KACKE! MEINE AUCH! DAS GIBT ÄRGER!
MAN EY, NICOLE! HIER MÜSSEN WIR ABER...
„...UNBEDINGT MORGEN WIEDER HERKOMMEN!"
WOW! WIE GEIL!
NOCH VIEL KRASSER ALS GESTERN!

JETZ` KOMM SCHON! WIR GEH`N REIN!
DRÖHN
WUMMER
DRÖHN
O.K., DU GEHST VOR!
WUMMER
BUMM
ICH TRAU` MICH NICH`!
BUMM
TSCHING
WUMM
ES IS` WIEDER LEISE.
O.K., ICH MACH`S.

KNARR
WIE UNHEIMLICH! UND DIESER GESTANK! TOTAL MODRIG! WIE AUFREGEND!

HIER IST ES. DIESMAL GEHST DU VOR.
O.K. DANN JETZT!
ICH LAUSCH LIEBER NOCH MAL KURZ!
JETZ` GEH SCHON!
HEY!

METAL EAGLES
Out of the light
Bridge
TJA... ALSO... ÄÄÄHHMM...

ALSO... -AHEM-
KÖNNTEN WIR WOHL EIN BISSCHEN ZUSEHEN?
JA KLAR, KOMMT REIN!
VOLL COOL HIER!
ALSO LOS: ONE-TWO-THREE
PLONG
BANG
TSCHING
PLONG

BÄMM
BADA DAU
PONG
BÄNG
PAU
PONG
FORGOTTEN IS HIS CRYY
BUMM
BONG
TSCHING
POW
THE RATS ARE WITHOUT FEEAAR
BUMM
TIMES HAVE CHANGED- AND THE KING- AND THE KIING IS NO MORE HEEEEEEEEEEERE

FLEE FLEE AS FAST AS YOU CAN
WOW!
EY, NICOLE! DER SÄNGER IS` TOTAL SÜß!!
BÄNG
TSCHING
BONG
WAAAS?
BÄNG
PLOING
TSCHING
DER SÄNGER-ER IS` TOTAL SÜß!
BUMM
TSCHING
BUMM
WAAAS? DIE MUSIK IS ZU LAUT!! ICH VERSTEH` NIX!!
TSCHING
BONG
BUMM
ICH SAAAGTEE DER SÄÄNGEER IS` TOTAAAAAL
TSCHING
BONG
BADAMM
SÜÜÜß!
BIRD of PREY

HUCH!
WIE PEINLICH!
HAHAHAHIHIHIHA
PSSST!
TJA- MAN AHNT JA GAR NICHT, WIE SCHNELL SO EIN SONG ZU ENDE SEIN KANN!
ÄH- HÄHÄHÄ, JA GENAU! OH MANN, ES IS` SCHON DUNKEL- WIR MÜSSEN LOS!
OH JA, GENAU!
ACH UND... KÖNNTEN WIR NÄCHSTES MAL WIEDER KOMMEN?
KÖNNT IHR MACHEN. BIS DANN -CIAO!

WAREN DIE COOL!! VOLL GEIL! DIE MUSIK! UND DER SÄNGER ERST! HASTE DEN GESEH'N?
MAN, IS' DER SÜß!! SO COOL! UND SEINE STIMME UND...
ALLES KLAR? DU SAGST GAR NICHTS!?
HMM? JA, JA, ALLES KLAR.
OH, ES IS' SCHON VOLL SPÄT. ICH MUSS ZUM ZUG LAUFEN, CIAO.
HÄ? WAS'N MIT DER LOS? HM... NAJA EGAL.
WIE ER WOHL HEIßT?

HAAACH!! WAS IS` BLOß LOS MIT MIR? ICH FÜHL` MICH SO KRIBBELIG IM BAUCH!?!

Hi Nicole!

Ich lieg' im Bett und kann nicht einschlafen. Ich muss die ganze Zeit an die Band denken. Sie sind sooo cool!

Hast Du gesehen, dass sie schon ein eigenes Auto haben?!

Der Sänger ist echt süß!!!

Wir müssen unbedingt nächtse Woche wieder hin!

Ich habe ein gleichmäßiges Pfeifen im Ohr – ob das von der Musik kommt?

Hast Du schon Englisch gemacht?

Hoffentlich ist bald wieder Wochenende!!!

Ciao

Melanie

Hallo Melanie!

Ich bin voll sauer auf Dich!!!!
Ich meine - Du fandest doch Langhaarige
immer total Scheiße. Auf einmal is der
Sänger der Coolste ~~der coolste~~ der Welt?!!
Verknall Dich von mir aus in den
Gitarristen oder Schlagzeuger is mir
scheißegal - aber der Sänger hat *mich*
bei den Proben angesehen!
Und ich fand ihn zuerst toll!!!!!!

Nicole

STADTSCHULE RONNEDORF
VERKNALLT?! WIESO VERKNALLT? BIN ICH DAS? FÜHLT SICH DAS SO AN?
DIE SOLL IHN NICH` TOLL FINDEN. ICH FAND IHN ZUERST TOLL!
WAS IS` BLOß LOS MIT MIR?
BOAH, GERLAND, EY, PASS DOCH AUF WO DE HINLATSCHT!
AUA!! DU HAST MICH DOCH ANGEREMPELT!
EY, GERLAND, HALT DEIN MAUL ALTE!

EY, GERLAND, DU FOTZE - GLOTZ NICH` SO BLÖD!
EY, GERLAND,, EY, INNA PAUSE BISTE DRAN!
GENAU!
WIE MICH DAS HIER ALLES ANKOTZT! WÄR` ICH EINFACH WEG...

NACH EINEM NICHT ENDEN WOLLENDEN TAG:
SOUL ASYLUM
MELANIE!!
STAMPF STAMPF
SCHON WIEDER 'NE 6 IN ERDKUNDE?!
ICH HAB' DIE FAXEN DICKE! DU HAST BIS ZUM WOCHENENDE HAUSARREST!
DANN HAST DU GENUG ZEIT ZUM LERNEN!
RUMMS!
WENN ICH PLÖTZLICH WEG WÄRE, WÄRE ER BESTIMMT DANKBAR, DASS IHM KEINER MEHR AUF DIE NERVEN GEHT!

DOCH BIS ZUM...
SCHEIßE! KAUGUMMI IN DEN HAAREN, DIESE ÄRSCHE!
...WOCHENENDE KANN ES...
DIE KRIEGT IHN EH NICH'! ICH BIN DIE HÜBSCHERE!
...VERDAMMT LANGE DAUERN!
HALLO PAPA! IS' MAMA NOCH IN DER UNI?
RUHE! ICH WILL GRAD NACHRICHTEN GUCKEN!
...ÄUßERTE SICH DER AUßENMINISTER IN EINEM INTERVIEW...

DOCH DAS ERSEHNTE WOCHENENDE KAM. ABER:
SIE SIND NOCH GAR NICH` DA. NICOLE ABER ZUM GLÜCK AUCH NICH` !
DA HINTEN KOMMT AUCH MUSIK AUS `NEM RAUM. MAL SEH`N.
BUMM
TSCHING
ALLEIN IS` ES DOCH GANZ SCHÖN UNHEIMLICH HIER.
WHERE THE GRAS IS GREEN AND THE GIRLS ARE PRETTY

NICOLE! NA TOLL!
TAKE ME DOWN TO THE PARADISE CITY WHERE THE GRAS IS GREEN
OH PLEASE TAKE ME DOWN
HEY! DER SCHLAGZEUGER IS` TOTAL SÜß!
ER HEIßT NIKO..SÜß NÄH?! NA JA...UND ...ALSO DU KANNST...NA JA...
..DU KANNST DEN SÄNGER AUS DER ANDEREN BAND HABEN. VERTRAGEN WIR UNS WIEDER?
JA KLAR!

OH! ICH GLAUB`, ICH HAB` DRÜBEN WAS GEHÖRT. ICH GEH` MAL GUCKEN, OB SE JETZ` DA SIND. KOMMSTE MIT, NICOLE?
NEE, NEE - GEH MAL! ICH BLEIB` LIEBER HIER.
O.K., DANN TREFFEN WA UNS SPÄTER. DU RAUCHST SCHON WIEDER. RAUCHEN IS` VOLL KACKE.
BLACKOUT BLACKOUT `N` OVER!
STOOPP!! BOAH, PAUL, DU PENNSACK! WACH AUF!!
MAN, DER HAT NERVEN.. JEDES MAL PENNT'A EIN.
OB ICH GUT AUSSEHE?
PAYIN` TO THE GROWING BEAST
OH, DIESE STIMME! ER HAT DIE SCHÖNSTE STIMME DER WELT!
THE BURDeN THAT WE TAKE

BLACKOUT
BLACKOUT `N` OVER
HER END HAS COME
BLACKOUT `N`
OVEERR
HEY- AUCH WIEDER DA? BISTE DIESMAL ALLEIN?
EAGLES
Out of the light
MHMM.

HEY: WIE HEIẞT IHR DENN EIGENTLICH?
KLAAS.
DER PAUL, GUTEN TAG.
RALF.
ICH BIN LEWIN. HI HI
ICH BIN MELANIE.
LEWIN, WIE SÜẞ!

UND UNSERE BAND HEIßT METAL EAGLES.
KLACK KLACK
BEJONNG PLONNG
BONNG BONNNG
LYING THERE - SO SICK AND TIRED...OF HIS WORK DOIN' EVERY DAY

SEARCHING FOR - A REASON NOT TO GO - HE´S SURE HE´LL FIND A WAYYA
WIE SÜß! DIE BEIDEN ECKZÄHNE NEBEN SEINEN OBEREN SCHNEIDEZÄHNEN SIND EIN BISSCHEN SCHIEF!
AND THERE´S A LIIGHT IN THE DARKNEEEEEEEES
ER HAT EIN PAAR SOMMERSPROSSEN AUF DER KLEINEN SCHMALEN NASE! SÜß! WENN ER SINGT, MACHT ER DIE NASENLÖCHER GANZ BREIT!
CRYING IN THE MORNING DYING IN THE NIIGHT
DAMM
TSCHING
PADÄNG
CRYING IN THE MORNING ONE DAY HE´LL MAKE IT RIHIIGHT
STANDING UP - A LOOK IN THE MIRROR - SAME UGLY FACE STARES AT HIM
BADDA DAMM DA
BONG
POW
PAUU
TSCHING

NACH DEN PROBEN:
NIKO WOLLTE SEIN SCHLAGZEUG ZERTRÜMMERN, WIE SÜß, NÄH?!
MEINER HEIßT LEWIN, VOLL DER COOLE NAME! UND WIE ER SINGT!!
HHAAACH! WIE SÜß!
GUCK MAL DA NICOLE, DA IS´ NOCH EIN EINGANG!
SIEHT EIN BISSCHEN UNHEIMLICH AUS!
LOS! GEH´N WA REIN!

ALTER SCHWEDE! GUCK DIR DAS MAL AN!
MAN! MIT DEN GANZEN SACHEN HIER KÖNNEN WIR UNS EINEN DER RÄUME EINRICHTEN!
AU JA! UND WIR WERDEN ES WIRKLICH NIEMANDEM ERZÄHLEN!

SO.
VOLL GEIL, DASS WIR DEN AUTOLACK GEFUNDEN HABEN!
SEPULTURA
D
LIGION
BIRD
PUH

Hi Nicole!

Schule kotzt mich grad
mächtig an! Die Jobn hat
mir echt 'ne 5 in Kunst gegeben!
Ich sage Dir: die Alte kann
mich nicht leiden!
Geht es Dir auch so, dass die
Fabrik voll zu Deinem
zu Hause geworden ist?
Ist Dir aufgefallen, dass
wir den Raum schon voll
lange [redacted] ~~haben~~ ?!
Ey übrigens: (!) Ich hab' im
Telefonbuch nach Alexins Nr.
gesucht. Stell Dir vor: er
wohnt nur ein paar Str. von
Dir entfernt. Ich muss unbedingt
bei Dir vorbeikommen!!
dass uns mal unauffällig (!!)
durch seine Straße
laufen ...

Ciao
Melanie

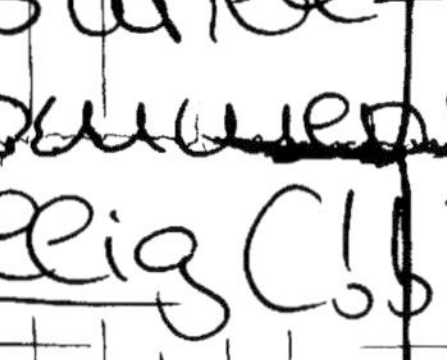

Hallo Melanie!

Ja - in der Straße is der große Spielplatz!
Da könnten wir ganz ~~auf~~ unauffällig hin und so...
Komm doch morgen nach der Schule mit zu mir und so...

Also - ein ~~Leben~~ ohne die Fabrik is unvorstellbar (übertreib!). Nee - im Ernst - wenn ich da nicht jeden Tag bin krieg' ich Entzugserscheinungen!!!!!!!!!!!

Ich überspiel Dir grad Green Jelly. Kennst Du die?

Little pig - little pig - let me in ...

hä hä - voll geil!!

Kennst Du den Sänger von Skid Row?
Sebastian Bach... (☺)
Voll süß - ich bin verknallt!!!!!!

Ciao
Nicole

P.S.: Ich ruf Dich nachher noch mal an! Erinner mich daran - ich ~~m~~uss Dir was voll peinliches erzählen...

DU?! WOLL`N WA DANN MAL ABHAUEN?
ACH, NUR NOCH EIN PAAR MINUTEN!
ABER WIR SITZEN HIER SCHON SEIT DREI STUNDEN!
VIELLEICHT GEHT ER JA HEUT` GAR NICH` MEHR RAUS, ODER ER IS` SCHON RAUS UND WIR HAM`S NICH` MITGEKRIEGT..
NEE- GLAUB` NICH`.
KOMM SCHON, ICH HAB` ECHT KEIN BOCK MEHR!
ACH MAN!
NA GUT! DANN GEH`N WA HALT. ABER WIR MÜSSEN UN-AUFFÄLLIG AN SEINEM HAUS VORBEIGEH`N. NICH` LACHEN!
NICOLE!! GUCK! SEIN AUTO STEHT VOR DER TÜR!! OH MEIN GOTT!!

ICH GLAUBE, ICH MUSS NOCH EINEN MOMENT ALLEIN HIER BLEIBEN!
JETZ` GEH SCHON! ICH RUF DICH NOCH MAL AN! BIS SPÄTER, O.K.?!

WAS MACH ICH JETZ` BLOß?
OB ICH BEI IHM KLINGEL`?
LIEBER NICH`.
ODER ICH...
OH MEIN GOTT!! DA IST ER!

OH MEIN GOTT!! ER HAT MICH GESEH`N! ICH GEHE JETZT HIN! OH MEIN GOTT- ICH GEHE WIRKLICH ZU IHM HIN!
TOCK TOCK
TOCK TOCK

MEIN HERZ! ICH HOFFE, ER HÖRT ES NICHT! BESTIMMT HÖRT ER ES!
HALLO!
HI!
WAS MACHST DU DENN HIER? WOHNST DU ETWA HIER?
MEINE STIMME IST GANZ WEIT WEG! OB ER MERKT, DASS SIE ZITTERT? BESTIMMT MERKT ER ES!
JA, UND DU?
ICH..ALSO..ÄHM..HAB' GRAD 'NE FREUNDIN BESUCHT... FÄHRST DU JETZT ZUR BANDPROBE?
JA GENAU!
NIMMST DU MICH BIS STEINHAGEN MIT?
OH, KLAR! KANN ICH MACHEN. STEIG EIN.
YES!
PUH!

ICH WEIß NICH`, WIE ICH SITZEN SOLL. ICH SEH` BESTIMMT VOLL UNCOOL AUS.
ICH FIND`S IRGENDWIE COOL, WIE ER DAS LENKRAD HÄLT. IRGENDWIE SO...LÄSSIG.

SEINE HÄNDE: ICH HABE NOCH NIE IN MEINEM LEBEN SO SCHÖNE HÄNDE GESEHEN! SIE SIND SO SCHÖN BRAUNGEBRANNT. UND SEINE HAUT IST SO GLATT!
VOLL SÜß, WIE SICH DIE ADERN AUF SEINEM HANDRÜCKEN DURCHZEICHNEN!
SEINE FINGER- SO KLEIN UND SCHMAL! SEINE HÄNDE SIND SO PERFEKT!
KÖNNT' ICH SIE DOCH BERÜHREN!
SHG-HS 828

OH!
DEINE ZIGARETTEN SIND VON DER ABLAGE GEFALLEN.
OCH, NICH` SO SCHLIMM.
O.K..
BRUUUMM
VOLL COOL, WIE ER AUF DAS GASPEDAL TRITT.

ICH MAG SEINE LANGEN, DÜNNEN BEINE. ICH GLAUBE, ES SIND DIE DÜNNSTEN BEINE, DIE ICH JE GESEHN HAB'. SIE SEHEN IN DER HELLBLAUEN STRECHHOSE SO PERFEKT AUS.
DIE NIKETURNSCHUHE MIT DER FETTEN LASCHE WIRKEN DA SO RIESIG. WIE COOL.
WIE ER SO SANFT AUF DAS GASPEDAL TRITT. SO EIN LEISES GERÄUSCH IN DER STILLE. ER IST SO UNGLAUBLICH COOL. ER IST SO PERFEKT!
OH! SCHON WIEDER DEINE KIPPEN!
ACH, LASS SIE EINFACH LIEGEN.
O.K.

ICH MUSS IHM IRGENDWAS ERZÄHLEN!
AH, GENAU! DAS SAG`ICH! ALSO LOS:
...
...NEE- DOCH NICH`!
GENAU! JETZ` WEIß ICH`S! ALSO LOS: EINS, ZWEI UND..
SO. WO SOLL ICH DICH DENN ABSETZEN?
...

OH..ÄH..WAS?
ACH JA, GENAU!
WO SIND WIR?
ICH..ÄHM..DU KANNST MICH HIER RAUSSCHMEIßEN. ICH WOHNE GLEICH UM DIE ECKE.
ABER ICH WÜRD' VIEL LIEBER FÜR IMMER BEI DIR BLEIBEN!
JA O.K., KEIN PROBLEM.
SHG HS 828
JA ALSO DANN-DANKESCHÖN FÜR'S MITNEHMEN.
JO, KEIN DING. ALSO MACH'S GUT. BIS DENNE.

HACH! ICH HAB` IHN SO LIIEEB!
...
MIST!
ICH HAB` MICH WIEDER LETZTE IDIOT BENOMMEN!
WIESO HAB` ICH NICHTS GESAGT?
BESTIMMT DENKT ER JETZ` ICH BIN VOLL KOMISCH!
BESTIMMT HAB` ICH IHN VOLL GELANG-WEILT!
BESTIMMT KANN ER MICH JETZ` NICH` MEHR LEIDEN!

Hi Nicole!

Irgendwie dreht mein Vater jetzt ganz durch.
Er schließt tagsüber die Küche ab.
Wir machen ihm zu viel Unordnung. Wo soll ich'n jetzt was zu fressen herkriegen ???
Klaas hat mich nach der Probe angelabert – sie wollen nicht mehr, dass ich jede Woche zusehe. Er meinte, sie wollen mal allein unter sich sein und so. Alle vier Wochen darf ich jetzt noch kommen. Scheiße! Jetzt sehe ich den nur noch einmal in der Woche von weitem. (Heul!!!!)

Melanie

Hallo Melanie!
Sag mal, wie findest Du Markus und Bernd
(aus Nikos Band) eigentlich?
Bernd is' doch süß!?
Kennst Du das alte Album von Sepultura?
- Dead Embryonic Cells - Das soll voll gut sein ...
Das Album von Deicide (die beste Band der Welt)
wurde zensiert! Ich springe aus dem Fenster! Haha!
Ich glaube, ich bin zigarettensüchtig! Gestern war
mein Feuerzeug alle und mir wurde auf einmal
kotzübel. Meine Mutter hat voll Besorgnis geheuchelt
und mir gesagt, ich würde zu viel rauchen
(2 Schachteln am Tag). Na ja, ist ja auch egal!!!!!
Ich habe ein viel größeres Problem: ich weiß nicht,
wie ich an das Deicide-Album kommen soll!!!!!!!!!!!!!!!!!!!
Die meinen, dass das zu sadistisch/satanistisch/
jugendgefährdend ist und es darf nirgends
mehr verkauft werden. Nur weil Glen (mein Vorbild)
in dem einen Video ein Schaf mit Sprengstoff
gefüttert hat!! Diese Schweine!! - Armer Glen!

Schreib zurück!
Nicole

EINIGE MONATE SPÄTER:
MIST! JETZ` WIEDER VIER WOCHEN WARTEN!
CIAO DANN!
ACH JA, ÜBRIGENS:
WIR GEBEN EIN KONZERT AM ÜBERNÄCHSTEN SAMSTAG.
VIELLEICHT KOMMST DU JA HIN.
MHM. JA COOL.

AM 15.1. IM CAPITOL.
ALSO, BIS DANN, MELANIE. MACH'S GUT.
JA, CIAO!
ACH...LEWIN IS' JA SO SÜß!
JA JA.. BLA BLA
HA HA.. BLA...
HÄ HÄ... BLA..BLA
HEY LEWIN-DU STEHST DOCH AUF SÜßE BLONDINEN....
...
MIST! KEIN WUNDER, DASS ER MICH NICH' BEACHTET. WAS MACH' ICH BLOß?
HEY MELANIE!
NICOLE! GUT, DASS DU DA BIST! DU MUSST MIR UNBEDINGT HELFEN!

SO:
WOW, GEIL!
OH, DANKE NICOLE! ICH SEHE TOTAL ANDERS AUS!
SIEHT ECHT TOTAL GEIL AUS!
JETZ` WERD` ICH AUF JEDEN FALL ENDLICH MIT LEWIN ZUSAMMENKOMMEN!
DOCH ZUNÄCHST GILT ES, AN DEN ELTERN VORBEIZUKOMMEN!
MELLA!! WIE SIEHST DU DENN AUS??
DEINE SCHÖNEN HAARE - TOTAL VERSAUT! WIE SIEHST DU NUR AUS? WAS HAST DU DIR BLOß DABEI GEDACHT?
ICH FIND` ES SCHÖN.
WAS IS`N HIER SCHON WIEDER FÜR`N THEATER?

LASS SIE DOCH SO RUM RENNEN. SIE MACHT SICH DOCH LÄCHERLICH!
ICH GEH' DANN MAL IN MEIN ZIMMER.
LEWIN WIRD MICH MIT DEN HAAREN BESTIMMT MÖGEN.
IM GEGENSATZ ZU DEN KINDERN IN DER SCHULE.
UH! DIE GERLAND - ALTER, SEXY! HA HA
HA HA HA HA HA HA HA HA HA HA HA HA HA
ALLE GLOTZEN MICH BLÖD AN. WENIGSTENS SAGT KEINER WAS.
SCHLAGT EURE MATHEBÜCHER AUF. SEITE 34.

GERLAND SIEHT AUS WIE EIN SCHÄFERHUND
ALSO GUT! WER VON EUCH WAR DAS?
ha ha ha hä hä hö hö hö hi hi hä hä hä hi hi hi ha ha
ha ha ha
PÄNG!!
ICH GEHE NIE WIEDER ZUR SCHULE!
nein danke
Ich war hier! gez. Sonja

ICH MAG DICH MIT DEN BLONDEN HAAREN!
WO HAT DIE GERLAND DIESEN GEILEN TYPEN HER?
WOW!
WENN LEWIN BEI MIR WÄRE, WÄR' ALLES GUT!

ZWEI WOCHEN SPÄTER:
BOAH, BIN ICH NERVÖS. HEUTE IS` ENDLICH DAS KONZERT! HOFFENTLICH IS` NICOLE SCHON HIER. OH GOTT, WAS ZIEH` ICH BLOß AN?

HEY NICOLE! DU BIST JA SCHON HIER!
I ♥ L.W.
BAD RELIGION
HI!
BISTE NICH` SO GUT DRAUF?
ACH, DAS LEBEN IS` HALT SCHEIßE!
NICOLE! DU BIST JA VERLETZT!!
ICH HATTE MICH SO IN NIKO AUS DER EINEN BAND VERKNALLT. ALLES SAH AUCH GANZ GUT AUS, BIS ICH GESTERN BEI IHM ZU HAUS` WAR: ER GING MIR SOFORT AN DIE WÄSCHE. ICH HAB` IHM DIE GANZE ZEIT GESAGT, DASS ER AUFHÖREN SOLL, ABER...
...ER HAT EINFACH IMMER WEITERGEMACHT. ES WAR SO EKELHAFT. ALS ICH SEINEN... EKLIGEN..HARTEN PIMMEL AN MEINEM BEIN MERKTE, HABE ICH VOLL ANGEFANGEN ZU HEULEN. DA IS` ER VOLL...
...AUSGERASTET, MEINTE, OB ICH GLAUBE, DAS LEBEN BESTÜNDE AUS HÄNDCHENHALTEN UND SO`N SCHEIß. ICH BIN DANN AUS DER WOHNUNG GERANNT.

ALTER SCHWEDE! SO EIN SCHWEIN!!
NA JA UND DAS MIT DEN ARMEN...
ICH RITZ` MIR IMMER DIE ARME AUF, WENN ICH SCHLECHT DRAUF BIN. DANN GEHTS MIR BESSER!
BAD RELIGION
HAST DU GEHÖRT? UNTEN IM HOF IS` IRGENDWAS LOS! KOMM, WIR GUCKEN MAL NACH!
DIE PACKEN DIE SACHEN FÜR`S KONZERT!

MAN, NICOLE - DAS KONZERT! WIR MÜSSEN UNS SCHMINKEN GEH'N!
SCHEIßE JA!! KOMM SCHON!
GEHTS DIR DENN JETZ` BESSER? DU, MACH DAS MIT DEINEN ARMEN NICH` MEHR. ES IS` GEFÄHRLICH!
SPÄTER DANN:
UND?!?! KANN ICH SO GEH'N, ODER WAS?!
JA, PERFEKT! WO KOMMEN DIE TITTEN PLÖTZLICH HER?
HAB` NEN BH MIT STOFFRESTEN AUSGESTOPFT.
ACH JA, GUCK MAL, WAS ICH HAB`, NICOLE!

DER IS` FÜR LEWIN. DAS SCHENK` ICH IHM MIT`NEM BRIEF.
Hi, Lewin!
Ich bin total verliebt in Dich. Ich kann die ganze Zeit nur noch an Dich denken!
Deine Melanie
WENN ER WEIß, WIE DOLL ICH IHN MAG, BEACHTET ER MICH BESTIMMT ENDLICH!
FIND` ICH ECHT COOL! ABER KOMM JETZ`, WIR MÜSSEN ZUM ZUG!
ICH BIN SO AUFGEREGT!
SEHR GEEHRTE FAHRGÄSTE: IN KÜRZE ERREICHEN WIR HANNOVER HAUPTBAHNHOF. DEAR PASSENGERS...

CAPITOL
WOW!
EY! WIR STEH'N DIREKT VOR DER BÜHNE! ALS WÜRDE LEWIN NUR FÜR MICH GANZ ALLEIN SINGEN!
BESTIMMT FÄLLT IHM AUF, DASS ICH MICH TOTAL VERÄNDERT HAB'!
OH! ES GEHT LOS! WIE AUFREGEND!

ICH HEUL` GLEICH! IS` DER SÜß!!
THEY CALLED YOU RED DEVIL
BUT I KNOW IT ISN`T TRUUUEEE

OH YES!
DO YOU WANNA BE A PART OF ME FOREVEEER
HAALLOO?! NOCH DA? ICH GEH` MAL `N PAAR FOTOS MACHEN, JA?
JA JA..

NACH DEM KONZERT:
JETZT GEH` HIN UND GIB`S IHM!
SCHEIBE! ICH TRAU` MICH NICHT!
ER SIEHT SO BESCHÄFTIGT AUS. BESTIMMT STÖR` ICH IHN.
JETZ` GEH SCHON!!
O.K., ICH MACH`S!
HALLO MELANIE!
HI!
HALLO!
DAS KONZERT WAR COOL!

FREUT MICH! SO. ICH WERD` NOCH SACHEN RAUS TRAGEN.
BIS SPÄTER DANN!
...
...
LEWIN...ICH...
....ÄÄHM...
NA JA...
ICH...
ALSO ICH...
ALSO ÄÄH...

JA?!
JA ALSO... ICH...HAB' WAS FÜR DICH...
HIER. BITTE SEHR.
ICH...ÄÄHMM...
...MUSS WEG!!
ÄH, DANKE.

ICH HAB'S GETAN! ICH HAB'S GETAN! ICH HAB'S GETAN!

Hi Nicole :)

Vor 2 Wochen hab' ich Lewin
den Brief gegeben. Er hat gar
nicht darauf reagiert bisher.
Na ja, ich lauf aber auch
immer gleich weg, wenn er
in der Nähe is' ...
Meinst Du eigentlich, er is'
schüchtern?
Ich muss mir irgendwas
einfallen lassen.
Meinst Du, ihn stört
vielleicht der Alters-
unterschied???

Ciao
Melanie

Hallo Melanie!

Ach - ich glaube, der is' tatsächlich schüchtern...

Niko und ich haben uns wieder vertragen. Ich denke, wir sind jetzt so richtig zusammen!! Er is' ja auch eigentlich sehr süß.

Aber eigentlich bin ich auch ein bisschen verknallt (Popelgröße!) in Bernd aus Nikos Band. Scheiße! Wahrscheinlich wird sich Niko vor BERND an mich ranschmeißen, dann kann ich alles vergessen.

Oh Mann - am Besten ich häng' mich am nächsten Baum auf!!!!!

Ich weiß ja, wie Du dazu stehst, aber ~~ich muß es Dir~~ will Dir nix verheimlichen: im Moment ritz' ich echt jeden Tag an mir rum. Wohl alles zu viel gerade. Irgendwie ist es geil, wenn es richtig blutet. (Makaber!) Sei nicht sauer deswegen bitte - ich hab' keine Lust mich mit Dir streiten - ich ritz' mir schließlich nicht die Pulsadern auf oder so...!!!!!!

Nicole

P.S.: Wir sehen uns nachher inna Fabrik, lass uns dann über Lewin labern...
Mach Dir da erst mal keine Sorgen, der will bestimmt was von Dir!

LEWINS ZIGARETTEN-MARKE!
ER IST JA SCHON SO ERWACHSEN!
...
HALLO MELANIE!
HI!
DU BIST JA SCHON HIER! SCHWÄNZT DU HEUTE AUCH? ALSO ICH HAB` GRAD NIKO ABGEHOLT...
WIR WOLLTEN JETZ` GRAD IN `N PROBERAUM
JAJA! ÄHM, NIKO?!

HÄTTEST DU WOHL EINE ZIGARETTE FÜR MICH?
HÄ??
KLAR!
HIER NICOLE. SIND NOCH ZWEI DRIN. ICH GEH` SCHON MAL IN`N PROBERAUM.
DU HAST DICH DOCH IMMER DRÜBER AUFGEREGT, DASS ICH RAUCHE.
DAS WAR MAL.
UÖÖÖÖÖH KÖHÄÄ HÄÄÄ HÄÄÄH
IS` DAS
KÄHKÄH
EKLIG
KÖÖHÄ HHÄH KÄHÄÄ

ES DAUERTE WOCHEN, BIS ES COOL AUSSAH. DANN EINES MORGENS:
ACH NEE! GUCK DIR DAS MA` AN!
OH NEIN.
DIE DUMME GERLAND IS` UNTER DIE RAUCHER GEGANGEN, ICH FASS` ES NICH`.
HAUT AB! HAUT BITTE, BITTE AB!
NA GERLAND, WELCHE MARKE RAUCHEN WA DENN?
LOS! HER DAMIT, DU FOTZE!
HEY!
ALTER! HASTE DAS GRAD GEHÖRT?? DIE GERLAND HAT MICH ANGEMACHT!
BOAH GERLAND, DU SCHEIß-FREAK! JETZT BISTE ECHT DRAN!

LOS- SCHNAPP DIR DIE ALTE, DANN MACH' ICH HACKFLEISCH AUS IHR!
WIR KRIEGEN DICH SCHON NOCH, GERLAND!!

ICH RITZ MIR IMMER DIE ARME AUF, WENN ICH SCHLECHT DRAUF BIN.
HINTERHER GEHTS MIR IMMER BESSER!

NICOLE MEINTE, ES WÜRDE GAR NICHT WEHTUN.
SOLL ICH'S WIRKLICH TUN?
ALSO LOS: EINS, ZWEI...UND...
DREI!!
AAHH! SCHEIßE! TUT DAS WEH!
HM. VIELLEICHT MUSS ICH'S JA GANZ SCHNELL TUN.
RITSCH
RITSCH
RITSCH
RITSCH

AAAAAAAAAAHH!!
MMHH..
SCHEIßE! WAS MACH' ICH 'N JETZ'?
AM BESTEN, ICH GEH' MAL RUNTER, VIELLEICHT IST JEMAND VON DER BAND DA.
OH, ES MÜSSTE INZWISCHEN FAST ABEND SEIN!
HM. KEINER DA.

SO EINE SCHEIßE!
OH! DA IST EIN AUTO VORGEFAHREN!
BRUMM BRUMM
LEWIN!
HI!
HALLO!
LEWIN?! ICH...ÄHM HAB`N KLEINES PROBLEM...
WAS`N PASSIERT?
ICH...ÄHM HAB` MICH AN `NEM ROSTIGEN NAGEL VERLETZT.

AUTSCH! DAS SIEHT JA ÜBEL AUS!
KOMM MAL GRAD MIT.
ICH GLAUB`, ICH HAB` MEINEN VERBAND-KASTEN IM AUTO.
ICH MACH` DIR MAL WAS DRAUF. ICH HOFFE, ES ENTZÜNDET SICH NICH`.
MHM.
SETZ DICH DOCH GRAD AUF DEN BEI-FAHRERSITZ.

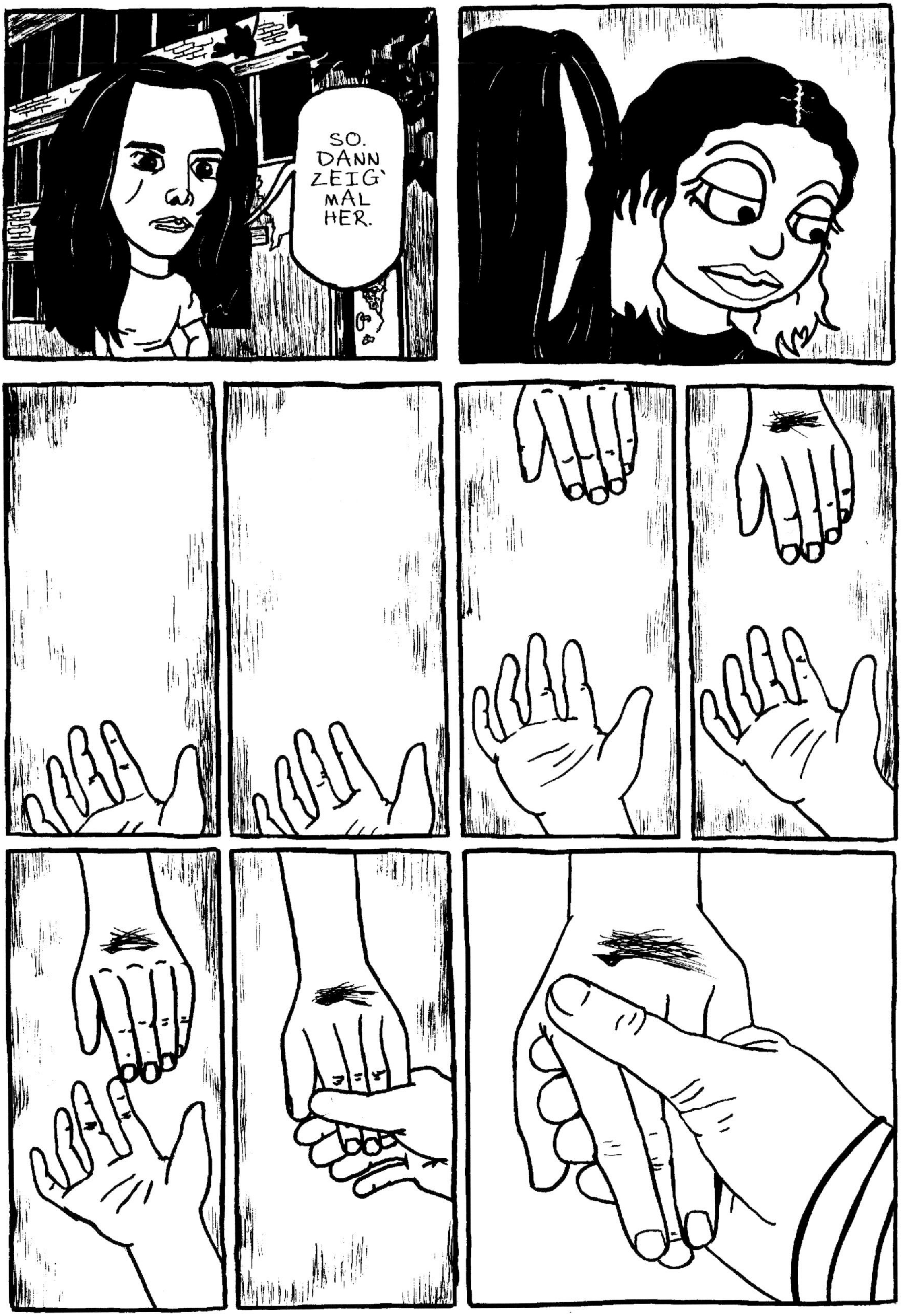
SO. DANN ZEIG' MAL HER.

SO. DAS WÄR'S.
ÄHÄ...!
SOLL ICH DICH NOCH ZUR VORSICHT ZUM ARZT FAHREN?
ÄHM... NEE...DAS GEHT SCHON.
HI LEWIN! KÖNN' WA PROBEN ODER WAS?
WAS IS' DENN PASSIERT?
MELANIE HAT SICH AN SO'M NAGEL VERLETZT.
SOLL ICH DA NOCH MAL DRAUFSCHAUEN? ICH STUDIER' JA MEDIZIN UND BIN BEIM DRK.
NEE. SCHON GUT.

Hallo Nicole!

Ich bin voll verzweifelt – Kevin sagt gar nichts zu seinem Geschenk! (Na ja – ich lauf' ja immer ~~weg~~ weg, wenn er in der Nähe is'! Was soll ich machen? Ich hab' voll kein Bock auf Schule heute, was meinst Du dazu? Mein Vater is' gestern voll ausgerastet, weil ich 2 Minuten zu spät zu Hause war. Ich hab' Hausarrest ...

Melanie

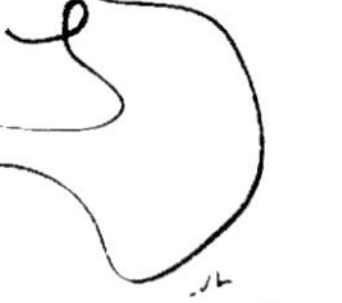

Hallo Melanie!

Lass' uns auf jeden Fall später inna Fabrik drüber labern!

Ich muss Dir dann auch was erzählen. Ich will echt mit Niko Schluss machen, er widert mich irgendwie an...

Außerdem finde ich Bernd viel besser! Glaubst Du, er will was von mir?

Lewin hab' ich gestern übrigens im MiniMal gesehen. Er hat sich ein Marzipanbrot gekauft (hähä)...

Wolln wa die letzen beiden Stunden Sport knicken? Ich hab' kein Bock auf ~~die~~ Kacke!

Wir könnten was zu fressen kaufen und inne Fabrik?!

Nicole

NUR NOCH EINE KLEINE NARBE.
LEWIN BEMERKT MIC H GAR NICH`. ICH MACHE ALLES FALSCH!
ICH MUSS WAS TUN!
MHM...
ICH HALT'S OHNE LEWIN NICHT MEHR AUS!

OHNE IHN IS` ALLES SO SINNLOS! ICH WILL NIE OHNE IHN SEIN! GLAUBST DU, ER LIEBT MICH NICHT?
ACH QUATSCH, NEE! DER IS` BESTIMMT VOLL SCHÜCHTERN! SO WIE ER DICH IMMER ANGUCKT...
BAD RELIGION
ACH- DER WILL BESTIMMT WAS VON DIR!
MEINST DU WIRKLICH? ICH WEIß NICH`. GIBST DU MIR MAL DIE SCHERBE NEBEN DIR?

DANKE.
MHM.
BESTIMMT FÄLLT IHM AUF, WIE SEHR ER MICH LIEBT, WENN ER GLAUBT, DASS ICH FAST GESTORBEN WÄRE.
IN WIRKLICHKEIT HAB' ICH ANGST ZU STERBEN.
ICH WILL NUR, DASS ER DENKT, DASS ICH FÜR IHN STERBEN WÜRDE!
BESTIMMT LIEBT ER MICH DANN! ES IST DER SCHÖNSTE LIEBESBEWEIS!

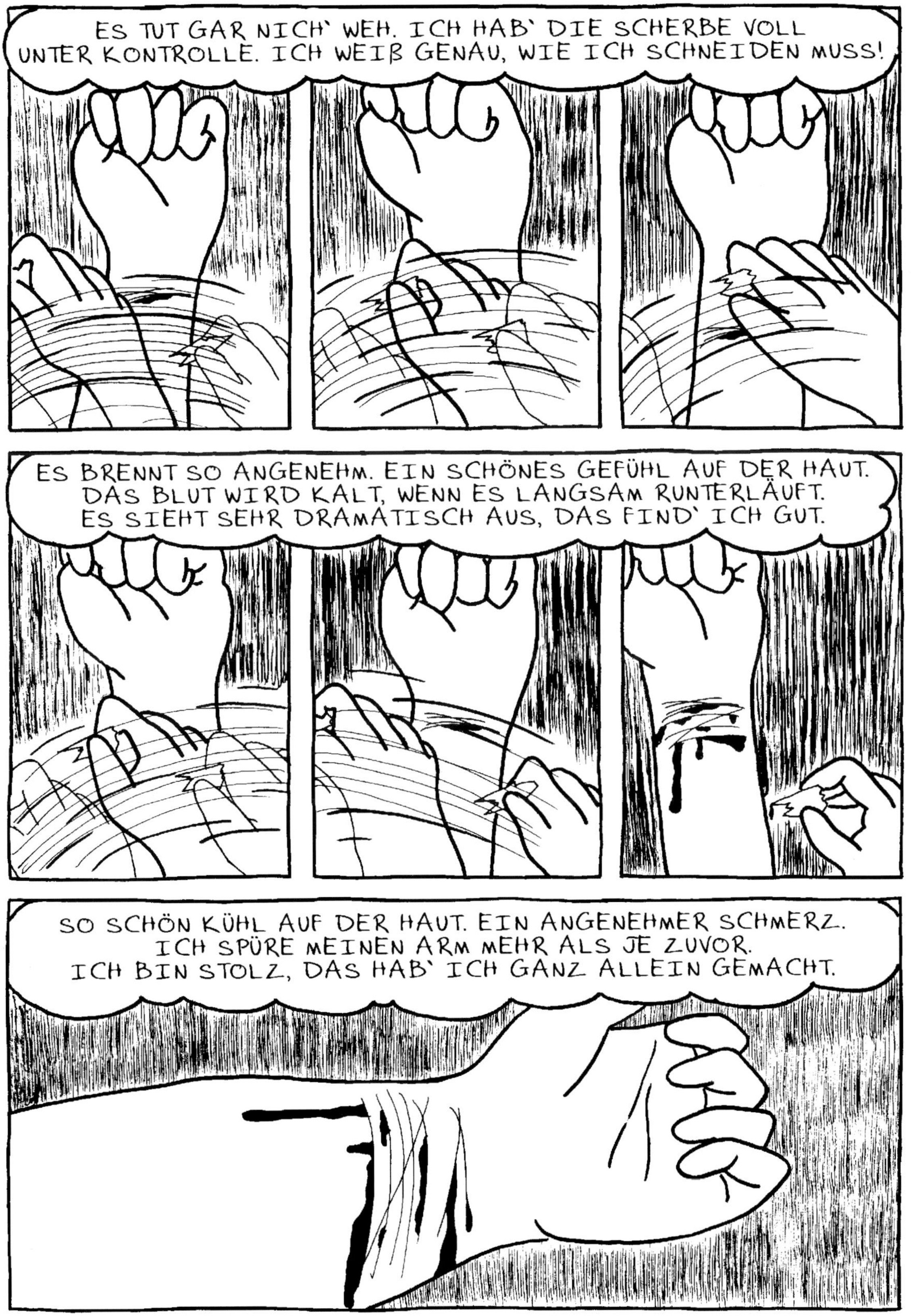
ES TUT GAR NICH` WEH. ICH HAB` DIE SCHERBE VOLL UNTER KONTROLLE. ICH WEIß GENAU, WIE ICH SCHNEIDEN MUSS!
ES BRENNT SO ANGENEHM. EIN SCHÖNES GEFÜHL AUF DER HAUT. DAS BLUT WIRD KALT, WENN ES LANGSAM RUNTERLÄUFT. ES SIEHT SEHR DRAMATISCH AUS, DAS FIND` ICH GUT.
SO SCHÖN KÜHL AUF DER HAUT. EIN ANGENEHMER SCHMERZ. ICH SPÜRE MEINEN ARM MEHR ALS JE ZUVOR. ICH BIN STOLZ, DAS HAB` ICH GANZ ALLEIN GEMACHT.

ICH BIN SO STOLZ AUF MICH. ES SIEHT WIRKLICH AUS, ALS WOLLTE ICH STERBEN!
KRASS, EY! TUT GAR NICH` WEH. ALLES KLAR BEI DIR?
MHM...JAJA. SCHON GUT.
LÄSST DU MICH `N MOMENT ALLEINE?
JA KLAR. ICH WOLLT EH MAL RUNTER.
WAS SIE WOHL HAT...
OB ES FALSCH IST, DAS ZU MACHEN? ABER ES IST SO EIN GEILES GEFÜHL! ALS HÄTTE ICH JETZT ALLES WIEDER UNTER KONTROLLE! ALS WENN ES PLÖTZLICH WIEDER SCHÖN WÄRE ZU LEBEN.

DIE EINE STELLE HÖRT GAR NICH` AUF ZU BLUTEN.
HALLO MELANIE! DARF ICH MAL?
WAS IST HIER LOS?
SCHEIßE! KLAAS! WAS MACH` ICH JETZ?!
UUPS! ICH ÄHH... ICH BIN GRAD VOLL INNE SCHERBE GEFALLEN!
DAS DENK` ICH NICHT! DU HAST DIR DAS SELBST ZUGEFÜGT.
ICH WERD` MIR DAS JETZ` ANSCHAU`N OB ES GENÄHT WERDEN MUß, UND DANN WERDEN WIR UNS MAL UNTERHALTEN.

Hi Nicole!

Du warst irgendwie Scheiße drauf heute! Was war'n los? Als ich Dich später gesucht habe, warst Du gar nicht mehr da?

Stell' Dir vor: Klaas hat mich mit den offenen Armen erwischt!!! Er hat irgendwas gefaselt, ich sollte nicht mehr ständig in die Fabrik gehn, es wäre gefährlich und dass er es meinen Alten sagt und mich in die Klinik fährt, wenn er mich nochmal beim Ritzen erwischt...

Der spinnt doch, oder?!

Schreib zurück Oo

Melanie

Hallo Melanie !

Ich hab' die Schnauze voll - ich bring' mich um, d.h. bis Freitag warte ich noch ... Aber es wird eh nix passieren. Mich kotzt alles so an.

Sorry, ich musste einfach abhauen. Ich hab' mir voll krass die Arme aufgeritzt noch dann bin ich los. Freitag seh' ich Niko, aber ich krieg es so wie so nich' hin, mit ihm Schluss zu machen. Er kotzt mich nur noch an! Bernd aus seiner Band is' echt viel cooler!

Na ja, dass Klaas nich' ganz dicht is', wissen wir ja ...

Mach' dir nichts draus, er kann uns ja schlecht verbieten inne Fabrik zu gehen, oder ?!

Nicole

MELLA! BITTE- DU ISST SCHON SEIT WOCHEN NICHT MEHR RICHTIG! ICH MACHE MIR SORGEN. DU WIRST IMMER DÜNNER!
ES LIEGT DOCH SICHER AN DIESEM SÄNGER, AN LEWIN.
BOAH, MAMA, DU NERVST. DAS IS` VOLL PEIN-LICH!
MELANIE! ICH MEIN`S ERNST. DU SOLLTEST HERAUS-FINDEN WORAN DU BIST!
DU SOLLTEST IHN DRAUF ANSPRECHEN.
WAAS?
WIE MEINST DU DAS?
ICH MEINE, DASS DIE TRÄUMEREIEN ZWAR GANZ SCHÖN SIND,
ABER WILLST DU NICHT WISSEN, OB ER FÜR DICH DAS GLEICHE EMPFINDET?
WIE SOLL ICH DAS DENN ANSTELLEN?

RUF IHN AN- FRAG IHN, OB ER MAL 'NEN KAFFEE MIT DIR TRINKEN GEHT.
UND WENN ER DANN NEIN SAGT!
DANN GIBT'S EINE DICKE SELBST GEMACHTE BUTTERCREME-TORTE UND HEIẞEN KAKAO. GLAUB MIR, DAS IST MEDIZIN GEGEN LIEBES-KUMMER.
NA LOS. GEH IN DIE TELEFON-ZELLE, DA HABT IHR RUHE.
PUH. O.K., ICH MACH'S. ABER DANN JETZT GLEICH.
DANKE MAMA!
VIEL GLÜCK!

Erlenrgundstraße
VIELLEICHT IS` ER JA GAR NICH` ZU HAUSE.
SCHEIßE! ICH TRAU` MICH NICH`!
UND JETZ` FÄNGT ES AUCH NOCH AN ZU GEWITTERN...
GRUMMEL
GROLL

O.K., ICH RUF IHN AN.
TUUUUT
TUUUUT
LEWIN WENDEL?!
KRRACKS
HALLO! HIER IS' MELANIE!
HI!
ICH ALSO...ÄH, WOLLTE DICH WAS FRAGEN.
JA, DANN FRAG MAL.
GROLL
TJA. ALSO...MEINST DU, WIR KÖNNTEN UNS MAL TREFFEN? ICH MEINE SO AUF'N KAFFEE... ODER SO, DU WEIßT SCHON, IRGENDWANN MAL, WENN DU MAGST?

ICH...ALSO...ÄHM...ÄH...
HÖR MAL MELANIE...
ER HAT MEINEN NAMEN GESAGT!

ICH GLAUBE, DAS IST KEINE GUTE IDEE, VERSTEHST DU? MELANIE, AUS UNS WIRD ECHT NICHTS.

ABER WARUM WILLST DU DENN NICH'? BITTE...BITTE, ÜBERLEGST DU ES DIR NOCH MAL? DENK DOCH NOCH MAL DRÜBER NACH! ICH KANN DOCH OHNE DICH NICHT LEBEN. BITTE, DENK NOCH MAL DRÜBER NACH!
ES TUT MIR LEID, ECHT :SORRY! ABER AUS UNS WIRD WIRKLICH NICHTS. SORRY, MELANIE, ABER ES WIRD GANZ EHRLICH NICHTS.
HALLO?? BIST DU NOCH DRAN? ...HALLO?

ICH HAB`DIE SCHNAUZE SO VOLL VON ALLEM!! IHR KOTZT MICH ALLE SO WAS VON AN! ICH BRINGE MICH JETZT UM! ICH HAB` KEIN BOCK MEHR AUF DIESES BEKACKTE SCHEISSLEBEN.
EY, MELANIE! MACH KEINEN SCHEIß! SCHEIßE! WO BIST DU GRAD?
DAS SAG` ICH DIR NICH`! NIEMAND WIRD MICH AUFHALTEN! LECK MICH AM ARSCH!!!
MELANIE!! SCHEIßE! WO BIST DU GERADE?? MACH KEINEN SCHEIß!! MELANIE!!!

ICH WILL DICH NICH'!
NA DA HASTE DICH JA MAL WIEDER SCHÖN BLAMIERT!
GERLAND, DU FOTZE-WER WILL DICH SCHON?!

ES TUT
SO WEH SO
WEH SO WEH

AUA! SCHEIßE!
DA OBEN IS` SCHON MAL EINER EINGEBROCHEN... ACH IS` DOCH EH ALLES SCHEIßEGAL!

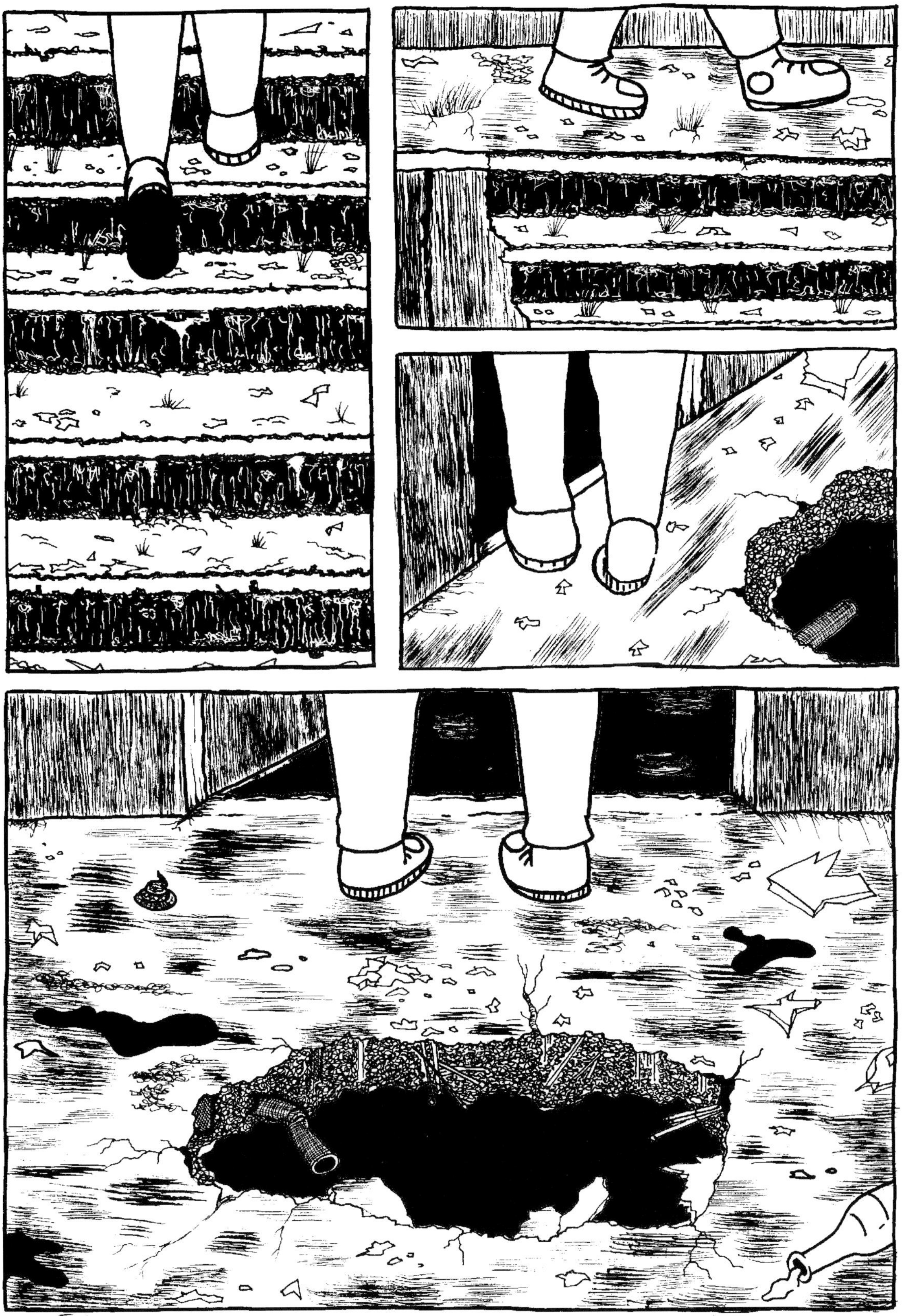

IIIGITT!!!
IIEEK

AUS UNS WIRD WIRKLICH NICHTS!
AUS UNS WIRD NICHTS! WIRD
AUS UNS WIRD NICHTS!
MMHH
AAAAAAAH!!

KLIRR
ICH HASSE MICH!
SCHEPPER
ICH HASSE MICH!
ICH HASSE MICH!
ICH HASSE MICH!
RITSCH

WUPP
SCHEPPER
KLIRR

KLIRR
SCHEPPER

ICH WILL NUR NOCH TOT SEIN. ABER WIE? ICH HAB` ANGST, DASS ES WEH TUT.
WARUM KANN ICH NICHT WIE ANDERE SEIN? WARUM BIN ICH SO UNNORMAL? ICH HASSE MICH!
LEWIN!! KOMM HER UND NIMM MICH IN DEN ARM!!!
ICH FÜHLE MICH SO TOT. ICH KANN NICHT MEHR ZURÜCK! ES TUT MIR LEID, DASS ICH ALLEN EINE LAST BIN!

OB ER MICH WOHL VERMISSEN WÜRDE?
MELANIE!! NEEIIN!!
WAS, WENN ICH'S ÜBERLEBE?
JETZT WEIß ICH ERST, WIE SEHR ICH DICH LIEBE!
MELLAA!! WO BIST DU??
MAMA! SCHEIßE! WAS WILL DIE HIER??
JETZT ODER NIE! TSCHÜSS SCHEIß LEBEN!

MAMA! HAU AB! VERPISS DICH - SOFORT! ICH WILL, DASS DU VERSCHWINDEST! SOFORT!!
MELLA! DU KOMMST SOFORT DA RUNTER! KOMM ZU MIR! KOMM HER!
KOMM JA NICH' HER ODER ICH SPRINGE AUS DIESEM VERFICKTEN FENSTER!
HAAUU AAAB!!
BRÖCKEL

KOMM HER!
ES TUT SO WEH!
ICH WEIß, MEIN SCHATZ! SCHSCH

EIN PAAR WOCHEN SPÄTER:
UND DEINE MUTTER SCHICKT DICH JETZ` ECHT ZUM PSYCHOLOGEN?!
JA, GENAU. ER IS` GANZ NETT.
ER HÖRT MIR HALT ZU UND SO.
DAS IS` COOL. ICH GEH` JA AUCH ZUR THERAPEUTIN. DIE MAG ICH NICH` SO. VON DEM HALDOL, DAS ICH NEHMEN SOLL...
...KRIEG` ICH VOLL DIE NEBENWIRKUNGEN!
VOLL KRASS, EY! HM...ACH, NICOLE...

BAD RELIGION
HASTE DRAN GEDACHT NEUE RASIERKLINGEN ZU KAUFEN?
KLAR! ICH HAB' DIE BEI MINIMAL GEKAUFT. DA KOSTEN SIE NUR EINS NEUNUNDNEUNZIG!

COOL, DANKE! DIE NÄCHSTEN KANN ICH JA DANN WIEDER KAUFEN, JA?!
DIE SIND ECHT AM BESTEN! MAN MUSS NUR IMMER VOLL AUFPASSEN, DASS MAN NICH' ZU TIEF SCHNEIDET, DANN BLUTET'S ECHT WIE SAU!

In den zweieinhalb Jahren, die ich an diesem Buch gearbeitet habe, waren viele Menschen um mich herum, die mir auf verschiedene Weisen geholfen haben, dieses Projekt fertig zu bekommen.

Angefangen bei dramaturgischen Ratschlägen, über Kaffee und Schokolade vorbeibringen, wenn ich sie nötig hatte, und viele Dinge mehr; nicht zuletzt Mut machen, trösten, inspirieren und an mich glauben.

Und so möchte ich hier den Menschen danken, die mit mir dieses Buch haben entstehen, wachsen und in die Welt hinaus gehen lassen.

Danke an: Meine Familie, Mama, Peter, Franzi und besonders meinem Sohn Marlon, der immer einsichtig war, wenn ich nicht mit Hot Wheels spielen konnte, weil ich zeichnen musste.
Meinem Professor, Nachbarn und Freund Hendrik Dorgathen.
Meinem besonderen Freund und Lehrer Andreas.
Meiner Wahlfamilie und meinen Freunden Biene, Hedi, Steffi, Michaela, Daniel, Frauke, Lin, Marc, Elfe, Bao, Bianca, Christiane, Ninja und Moni und allen, die sonst noch an mich geglaubt haben.
Danke an Wolko für die Hilfe!

Ein besonderer Dank an Karolina und Marlene, die am Ende so hart mit mir die Nächte durchgezogen haben, bis das Buch fertig war.
Ich hoffe, ihr alle seid bei der Geburt meines zweiten Bands auch dabei!
Danke auch an Alex für die Fotos.
Danke an Florian und Eric für die Erlaubnis, die originalen Songtexte zu verwenden.

Ein besonders großer Dank an den BALANCE buch + medien verlag:
Ich freue mich sehr, dass wir zusammen arbeiten.
Hier auch insbesondere ein Dank an Melanie Czarnik!

Eure
Melanie

Beratungs-, Informationsangebote & Communities

Allgemein

www.nummergegenkummer.de
Themenungebundenes Beratungsangebot über Telefon oder Mail.
Kinder- und Jugendtelefon: 0800-111 0 333
(kostenlos erreichbar von Mo.-Sa. 14.00-21.00 Uhr)
Elterntelefon: 0800-111 0 550
(kostenlos erreichbar von Mo.-Fr. 9.00-11.00 u. Di.+Do. 17.00-19.00)

Thema Mobbing

www.schueler-gegen-mobbing.de
Informations- und Kommunikationsportal zum Thema Mobbing, mit Chat, Forum und eigenem Wiki. Es gibt spezielle Bereiche für Schüler, Eltern und Lehrer.

Thema Psychische Erkrankung

www.irrsinnig-menschlich.de
Irrsinnig Menschlich ist ein gemeinnütziger Verein und Träger der freien Jugendhilfe, der sich der Aufklärungsarbeit widmet. Bei Bedarf stellt der Verein auch Kontakte zu verschiedenen Selbsthilfegruppen her und gibt Informationen zur Arbeit an Schulen.
Aktuelles Jugendprojekt: Verrückt? Na Und!
www.verrueckt-na-und.de

Thema Selbstverletzung

Versteckte Scham
www.versteckteScham.de
Online-Community zur Aufklärung und Interaktion mit Info-Portal, Chat, Forum, Erfahrungsberichten und kreativem Bereich. Die Themen umfassen Selbstverletzendes Verhalten, Borderline und Depression.

Rote Tränen
www.rotetraenen.de
Selbsthilfe-Community zum Thema Selbstverletzendes Verhalten mit Informationen zu Alternativen, Erfahrungsberichten und Forum.

Thema Borderline

Borderline Community
www.borderline-community.de
Online Community mit ausdifferenziertem Informationsangebot für Betroffene, Angehörige und Freunde.

GRENZPOSTen e.V.
www.grenzposten.de
Borderline-Selbsthilfe Zeitung von Betroffenen für Betroffene, Angehörige, Freunde und Fachleute. Website mit Forum, Ausgaben Überblick, Info-Angeboten, Linksammlung und Therapeuten- sowie Selbsthilfegruppenverzeichnis.

Borderline-Plattform
www.borderline-plattform.de
Bietet neben Informationen und Möglichkeiten zur virtuellen Interaktion eine gute Übersicht über die aktuell bestehenden Selbsthilfegruppen und unterstützt beim Aufbau einer eigenen Selbsthilfegruppe.

Psychotherapie Informationsdienst

www.psychotherapiesuche.de
Unterstützt bei der Suche nach einer geeigneten Psychotherapie.
Bietet einen Handlungsleitfaden für die ersten Schritte.
Telefonberatung unter Tel:030-209166330

Antje Gerland, Mutter der Autorin, über die Entstehungszeit von »Offene Arme«:

»Die Zeit, in der meine Tochter an ›Offene Arme‹ arbeitete, war für uns alle mit unterschiedlichen Gefühlen erfüllt. Für mich bedeutete das Betrachten der Bilder ein Erinnern an eine Zeit voll von Angst, Hilflosigkeit und auch Zorn. Ich sehe in den großen Augen ihrer Figuren die Verzweiflung und die Suche, die sie damals als junges Mädchen im Blick hatte. Wenn ich heute in ihre lebendigen Augen schaue, bin ich dankbar, dass meine Tochter so ist wie sie ist und so war wie sie war.«